Données de catalogage avant publication (Canada)

Chabin, Laurent, 1957-

L'Araignée souriante
(Collection Plus)
Pour enfants de 7 à 10 ans.
ISBN 2-89428-283-4
I. Titre.

PS8555.H17A72 1998 jC843'.54 C98-940068-9
PS9555.H17A72 1998
PZ23.C42Ar 1998

L'éditeur a tenu à respecter les particularités linguistiques des auteurs qui viennent de toutes les régions de la francophonie. Cette variété constitue une grande richesse pour la collection.

Directrice de collection : **Françoise Ligier**
Maquette de la couverture : **Marie-France Leroux**
Composition et mise en page : **Lucie Coulombe**

Les Éditions Hurtubise HMH remercient le Conseil des Arts du Canada de l'aide apportée à son programme d'édition et remercient également la SODEC pour son appui.

1815, avenue De Lorimier
Montréal (Québec)
H2K 3W6 CANADA
Téléphone : (514) 523-1523

ISBN 2-89428-283-4

Dépôt légal/1er trimestre 1998
Bibliothèque Nationale du Québec
Bibliothèque Nationale du Canada

Imprimé au Canada

L'ARAIGNÉE SOURIANTE

Laurent Chabin

Illustré par
Béatrice Favereau

Collection Plus
dirigée par Françoise Ligier

HURTUBISE
HMH

Laurent CHABIN a choisi de s'installer en Alberta, au pied des montagnes Rocheuses. C'est là qu'il écrit « parce que – pour l'instant – on y respire bien », dit-il. Avant, Laurent vivait en France mais il y avait là beaucoup trop de monde à son goût ! Laurent aime les animaux, mais comme il a l'esprit de contradiction, il a une préférence pour ceux que les autres n'aiment pas : les serpents, les araignées, et puis les hippopotames, bien sûr, qu'il collectionne ! Dans sa maison de Calgary, il y a d'ailleurs un serpent qui appartient à l'un de ses fils.
Laurent Chabin a publié déjà deux romans policier, dans la collection Atout : *L'Assassin impossible* et *Piège à conviction*.
L'Araignée souriante est son neuvième livre.

Béatrice FAVEREAU a étudié à l'école des Beaux-Arts, à Paris. Elle a travaillé d'abord comme infographe : elle réalisait des ouvertures d'émissions télévisées, des animations par ordinateur ou des effets spéciaux pour des films. Mais ce qu'elle aime surtout, c'est dessiner et peindre. Et devant son petit écran, pendant de longues heures, de jour et de nuit, elle ne dessinait plus du tout, et ne savait même plus la couleur du ciel ! Alors elle a abandonné les machines et repris son crayon et ses pinceaux... pour notre plus grand plaisir !
Ses beaux cadrages, ses personnages haut en couleur, son trait plein de vitalité mettent en valeur l'histoire de *L'Araignée souriante*.

1

Il y a plein de fantômes et de sorcières dans les couloirs de l'école. C'est normal : c'est Halloween ! Les élèves en ont profité pour exposer leurs œuvres sur les murs des classes.

Les « œuvres », ce sont des dessins, tout simplement. Mais ma mère, qui s'y connaît, dit qu'on doit appeler ça des œuvres.

Pour couronner* l'exposition, il y a même une « vraie » œuvre. Un tableau comme on en voit dans les musées ! Il a été prêté par la mère de Jean-Baptiste, qui collectionne les voitures et aussi les peintures.

— Surtout faites bien attention, a-t-elle dit en faisant des mines*, quand elle l'a remis au directeur de l'école. Il représente une fortune !

* Les mots suivis d'une étoile sont expliqués p. 61, dans le Plus de Plus

Je ne sais pas pourquoi la mère de Jean-Baptiste a dit ça. En réalité, le tableau ne représente pas une fortune, mais une araignée. Il s'appelle L'*Araignée qui sourit*, et représente précisément une araignée souriante.

— Quelle horreur ! a dit ma mère en le découvrant pour la première fois.

— Quelle horreur ! ont dit toutes les mamans en le voyant à leur tour.

Elles exagèrent. L'araignée souriante est très jolie parce qu'elle sourit, justement. C'est très rare, une araignée souriante.

Autre chose me plaît dans ce tableau : le nom du peintre. Il s'appelle comme moi : Odilon. Sauf que lui, c'est Odilon Redon et moi, Odilon Gagnon.

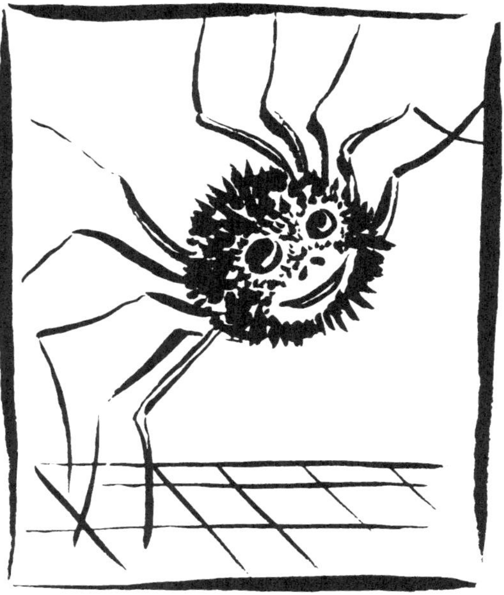

Mais rien que pour avoir peint une araignée souriante, il mérite bien de s'appeler Odilon.

Donc, ce tableau est précieux. La maman de Jean-Baptiste a tellement insisté que le directeur a appelé un policier. Celui-ci doit se tenir devant l'entrée de la salle pendant toute la durée de l'exposition.

— Ça fait drôle, de voir un policier dans l'école, a dit Oscar, mon meilleur ami. Il ne manque plus qu'un voleur pour faire la paire !

— Un voleur ! je lui dis. Mais qui donc irait voler un carré de toile avec de la peinture ?

— Tu ne te rends pas compte, dit Jean-Baptiste très sérieusement. Ce tableau vaut très cher. Quelqu'un pourrait très bien le voler...

Jean-Baptiste exagère. Je crois qu'il dit ça pour se donner de l'importance. Mais je dois bien admettre

qu'il y a un policier pour le garder. Qu'est-ce que cela signifie? Y a-t-il vraiment un voleur dans les parages* ?

2

L'exposition s'est bien passée. Toutes sortes de gens sont venus admirer nos dessins. Jean-Baptiste, lui, prétend qu'ils se sont déplacés pour voir L'*Araignée qui sourit*. On dirait que c'est lui qui l'a peinte !

Sa mère doit venir ce soir après l'école pour récupérer son tableau. En attendant, on l'a rangé dans notre

classe. Personne n'a essayé de le voler : le policier n'a servi à rien.

Assis dans le bureau du directeur, il attend tranquillement l'arrivée de la maman de Jean-Baptiste pour lui remettre le tableau.

Et pourtant, il y a eu du monde. Même une journaliste est venue. Elle s'appelle madame Larapière et travaille à la radio, a-t-elle dit.

Comme je me trouvais devant L'*Araignée*, elle m'a demandé :

— C'est bien joli. Est-ce toi qui l'as peint ?

Elle est vraiment gentille, cette madame Larapière. Et elle a du goût !

Vers la fin de la journée, elle traînait encore dans les couloirs. Puis je l'ai vue entrer dans notre classe. Elle voulait sûrement revoir encore L'*Araignée*.

Ensuite, je ne me suis plus occupé d'elle. Tout le monde devait sortir pour la récréation. Un peu plus tard, je suis rentré seul pour boire à la fontaine. Et là, j'ai eu un choc !

Juste au moment où je tournais à l'angle du couloir, j'ai aperçu à l'autre bout un grand sorcier tout noir ! Il portait un long manteau sombre et un chapeau rabattu sur ses yeux. Une allure de voleur !

Et le voilà qui se dirigeait vers notre classe ! Est-ce que je devais lui courir après, ou bien me mettre à crier pour avertir quelqu'un ?

— Mais non, me suis-je dit. C'est Halloween. Ce n'est qu'un professeur déguisé...

Je n'ai pas eu le temps d'y penser davantage. Brusquement, l'homme a poussé la porte de la classe et il a disparu à l'intérieur.

Presque aussitôt, j'ai entendu un cri. Un cri aigu, terrible, comme un hurlement de femme qu'on égorge.

Et tout de suite après cet appel désespéré :

— Au secours !

Le directeur a jailli* de son bureau, accompagné du policier, puis d'autres personnes sont arrivées à leur tour dans le couloir. Tous se sont lancés vers* la classe où l'inconnu venait d'entrer. Ils criaient :

— Que se passe-t-il ?

— Vite ! De l'aide !

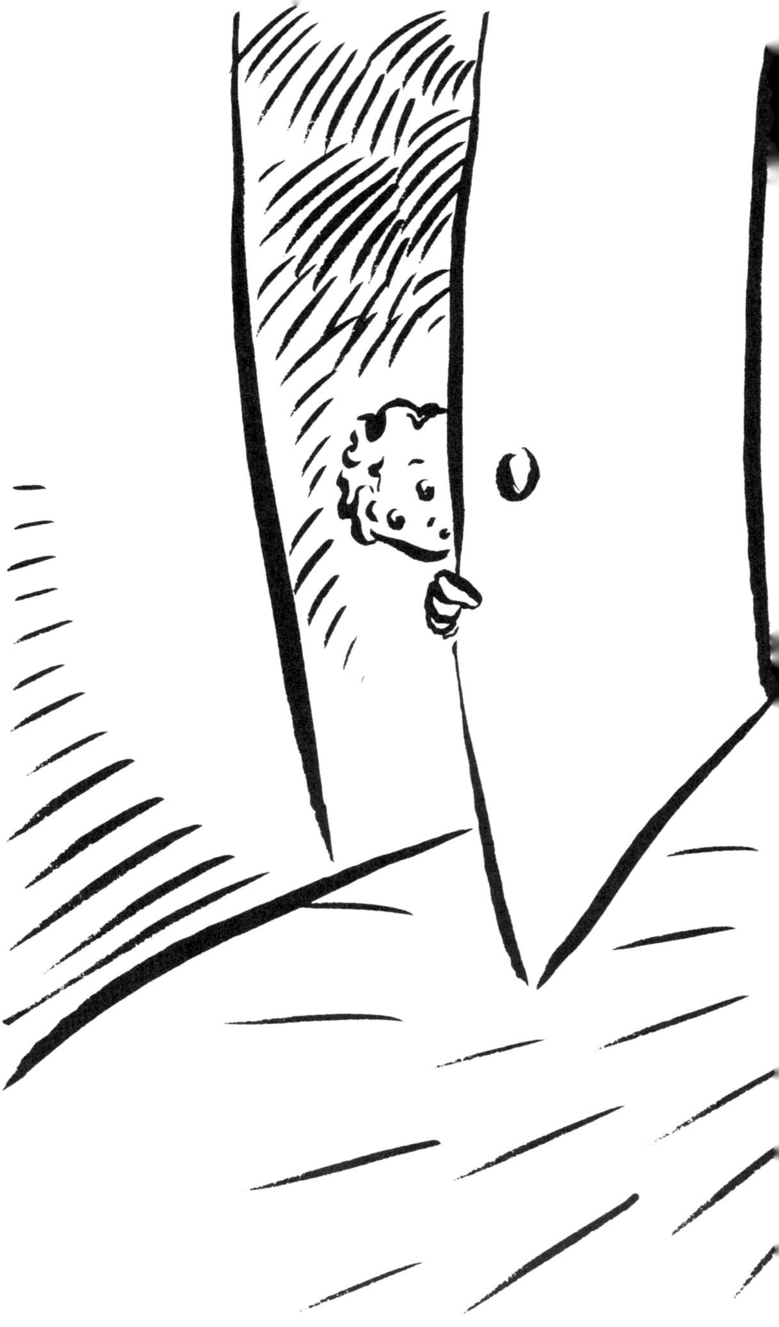

Bien sûr je les ai suivis. Je suis arrivé au moment où le directeur ouvrait la porte. Il a poussé un cri, puis il s'est précipité à l'intérieur.

Je me trouvais juste derrière lui. Avant que le policier n'ait eu le temps de refermer la porte, j'ai pu voir madame Larapière allongée sur le sol, sans connaissance.

3

Le policier me regarde avec des yeux perçants. Je suis assis dans le bureau du directeur et il m'interroge. Évidemment : j'étais seul dans le couloir au moment où l'agresseur est entré dans la salle.

Il n'y a pas d'autre témoin. Et je dois raconter dans les détails ce que j'ai vu. Il n'y a pas grand-chose à dire. L'homme en noir a traversé le couloir

et est entré dans ma classe. C'est tout.

— Pourrais-tu le reconnaître ? me demande le policier.

— Je ne crois pas, dis-je. Je n'ai même pas vu son visage.

— Bizarre, bizarre, fait alors le directeur. Comme c'est étrange.

Ça, il a raison. Pour être étrange, c'est étrange. C'est même complètement incompréhensible. Car quand madame Larapière a été retrouvée inanimée dans la classe, elle était seule. Absolument seule. Et les fenêtres étaient fermées et bloquées de l'intérieur !

Quant à L'*Araignée qui sourit*, bien entendu, elle a disparu.

Mais qu'est donc devenu l'agresseur* ? Par où est-il passé ? Madame Larapière ne peut pas se l'expliquer non plus.

— J'étais assise à une table, dit-elle. Je rédigeais un article pour mon journal quand soudain la porte s'est ouverte derrière moi. Je n'ai pas eu le temps de me retourner, j'ai reçu un choc sur le crâne et je me suis évanouie.

Le mystère est total. Le bandit qui a attaqué madame Larapière serait-il un fantôme ?

Le policier ne le croit pas. Le directeur non plus. Du coup, ils me regardent d'un œil soupçonneux.

— Es-tu bien sûr de n'avoir vu sortir personne ? me demande le directeur.

— Certain. D'ailleurs, vous êtes sortis vous-même presque aussitôt. Et le couloir était vide.

— Vide, dis-tu ? fait le policier en se caressant le menton avec un air méfiant. Hum... Tu veux dire *presque* vide.

Que veut-il insinuer ?

— Le couloir n'était pas vide, reprend-il, puisque tu y étais. Et si personne n'est sorti de la salle où se trouvait madame Larapière, c'est donc que...

Ça alors ! C'est la meilleure ! On m'accuse tout bonnement* d'avoir attaqué moi-même madame Larapière et d'avoir volé le tableau !

Quelle histoire !

4

— Petit monstre ! Voleur ! Assassin ! Jamais je n'ai vu la maman de Jean-Baptiste dans un état pareil. À peine a-t-elle appris le malheur qu'elle est devenue une vraie furie.

Si le policier ne la retenait pas, elle essaierait sûrement de m'arracher les yeux !

— Calmez-vous, voyons, dit le directeur. Odilon n'est certainement

pas un voleur, et encore moins un assassin.

— Mais il a volé mon araignéeeeeeeee ! hurle-t-elle en éclatant en sanglots.

— Allons, allons, reprend le directeur en lui tendant son mouchoir. S'il

avait volé votre tableau, où l'aurait-il mis ? Il ne tient pas dans sa poche...

— Il a pu le donner à un complice, suggère la maman de Jean-Baptiste en me jetant un regard noir.

— C'est impossible. Je suis sorti de mon bureau aussitôt après l'appel,

au secours de madame Larapière. Et Odilon était seul dans le couloir.

— Et mon tableau, alors ! s'exclame la maman de Jean-Baptiste. Il s'est envolé en fumée, peut-être ?

Le directeur fait un geste d'impuissance. Le policier soupire en se grattant le crâne. Évidemment, le problème n'est pas simple.

Voyons : un homme est entré dans la salle où se trouvaient L'*Araignée* et madame Larapière. Madame Larapière a été attaquée, le tableau a disparu, et personne n'est ressorti ! C'est à n'y rien comprendre. Ce mystère est vraiment insoluble*. Si au moins madame Larapière avait vu quelque chose...

Elle est restée dans la salle de classe pour se remettre de ses

5

— Je suis heureux de voir que vous êtes déjà rétablie, dit le directeur en s'avançant vers madame Larapière. Ça tombe bien, nous voulions justement vous voir.

— Me voir ? répond-elle. Mais... j'ai justement rendez-vous à mon journal. Un autre jour, peut-être ?

Le directeur ne sait quoi dire. C'est alors qu'Oscar intervient :

— Je ne comprends pas bien. Travaillez-vous pour un journal ou pour la radio ?

— Voyons, Oscar, fait le directeur. Ce n'est pas le moment. Veux-tu laisser madame Larapière tranquille ! Elle a reçu un choc et...

— Un choc ? coupe Oscar. Elle n'a même pas de bosse !

— Ooooh, ma tête ! se met à hurler madame Larapière en portant sa main à son front. J'ai tellement mal. Je crois que je vais aller voir un médecin...

Et elle se dirige rapidement vers la sortie, plantant là le directeur et le policier éberlués.

— Voilà L'*Araignée* qui s'en va, murmure Oscar.

Cette fois, le policier semble descendre de son nuage et comprendre ce qui se passe.

— Que veux-tu dire, mon garçon ? lui demande-t-il.

— À votre place, répond Oscar, je regarderais dans son sac.

Madame Larapière a été démasquée. L'*Araignée qui sourit* se trouvait bien dans son sac.

Mais comment Oscar a-t-il deviné ? Comment les choses se sont-elles passées ? Et comment son complice a-t-il disparu comme un fantôme ?

— C'est bien simple, dit mon ami. C'est mathématique. Il n'y a pas eu de complice. Vous ne savez donc pas compter ?

— Hum, fait le policier, un peu vexé.

Oscar reprend :

— Odilon a vu quelqu'un entrer dans notre classe, et personne n'en est ressorti. J'en déduis donc qu'il n'y avait en tout qu'une seule et même personne !

— Bien sûr! s'exclame le policier. Je comprends tout, maintenant. La voleuse s'est introduite dans la salle, déguisée en homme, et elle a crié pour faire croire qu'on l'attaquait.

— Et pendant ce temps-là, ajoute le directeur en frappant dans ses mains, elle cachait dans un coin le tableau, ses vêtements et son chapeau noir...

— ... qu'elle revenait chercher ensuite pour les dissimuler dans son sac et repartir avec son butin*, achève le policier. C'est élémentaire, voyons !

— Félicitations, mon cher, conclut le directeur. Quelle perspicacité ! Voici une enquête rondement menée !

Et pendant que le policier arrête madame Larapière, la maman de Jean-Baptiste récupère son tableau sans plus s'occuper de nous. Oscar me regarde et me fait un clin d'œil.

— Ces adultes, tout de même, me glisse-t-il à l'oreille, que feraient-ils sans nous ?

LE PLUS DE *Plus*

Réalisation :
Dung Huynh Truong

Une idée de
Jean Bernard Jobin
et Alfred Ouellet

Avant la lecture

L'Araignée qui sourit

Dans l'histoire que tu vas lire, il est question d'un tableau : L'*Araignée qui sourit*. Laurent Chabin, l'auteur, s'est inspiré d'un vrai tableau peint par Odilon Redon.
C'est un tableau au fusain, réalisé vers 1881. Il mesure 49,5 × 39 cm. On y voit une tête mi-singe, mi-araignée, recouverte de poils, reposant sur dix pattes et affichant un sourire moqueur, et peut-être méchant, sur un fond ocre lumineux. On peut voir ce tableau au musée du Louvre, à Paris.

L'araignée

1. L'araignée est un animal qui fait partie du groupe des :

   a. reptiles.
   b. arachnides.
   c. crustacés.
   d. coléoptères.

2. La toile d'araignée :

   a. sert de piège pour les petits insectes.
   b. lui permet de se déplacer d'un point à un autre.
   c. lui sert d'abri contre les attaques des insectes.

3. L'araignée a :

   a. dix pattes.
   b. quatre paires de pattes.
   c. deux paires de pattes.
   d. douze pattes.

4. **L'araignée tisse sa toile avec :**

   a. son poil.
   b. de la soie qu'elle secrète.
   c. des particules qu'elle trouve dans l'atmosphère.

5. **Les araignées vivent :**

   a. seulement dans les maisons abandonnées.
   b. dans les régions très chaudes de la planète.
   c. partout sur la planète, sauf en Antarctique.

Où est l'intrus ?

Tu vas trouver plusieurs de ces mots dans L'*Araignée souriante*.
Chasse l'intrus dans les séries suivantes :

1. tableau – toile – dessin – broderie – peinture
2. lièvre – araignée – tarentule – scorpion
3. problème – mystère – solution – énigme – secret
4. journal – magazine – revue – film
5. voleur – pirate – cambrioleur – bandit – policier
6. complice – ennemi – compagnon – associé
7. furie – calme – colère – agitation

Pour mieux comprendre le texte

Pour couronner (p. 7) : pour finir, terminer en beauté

Faire des mines (p. 7) : faire des manières pour séduire

Les parages (p. 14) : les environs

Jaillir (p. 23) : sortir soudainement

Se lancer vers... (p. 23) : se précipiter dans une direction

Agresseur (p. 30) : personne qui attaque sans avoir été provoquée

Tout bonnement (p. 33) : tout simplement

Insoluble (p. 40) : qu'on ne peut résoudre

Se remettre de ses émotions (p. 41) : reprendre son calme, ses esprits

Butin (p. 51) : fruit d'un vol, d'un pillage

Au fil de la lecture

L'exposition

1. L'exposition a eu lieu :

   a. dans les couloirs de l'école.
   b. dans le bureau du directeur.
   c. près de la fontaine.
   d. dans les classes.

2. Selon le narrateur, la présence du policier :

   a. était nécessaire.
   b. semblait inutile.
   c. suscitait une interrogation.
   d. donnait une importance exagérée à l'exposition.

3. Selon ses dires, Madame Larapière est venue à l'école pour :

   a. admirer les œuvres des élèves.
   b. préparer un article pour son journal.
   c. voir L'*Araignée qui sourit*.

4. **Le sorcier** :

   a. était un professeur de l'école.
   b. était un élève déguisé.
   c. avait l'air suspect.
   d. a poussé un hurlement quand il a vu le narrateur.

5. **Lorsqu'il est entré dans la classe, Odilon Gagnon a vu** :

   a. un voleur qui ouvrait la porte pour s'enfuir.
   b. Madame Larapière évanouie.
   c. le policier affolé.
   d. le directeur très en colère.

6. **Oscar a aidé le policier** :

   a. en comptant.
   b. en regardant dans le sac de Madame Larapière.
   c. en raisonnant.
   d. en s'introduisant dans la classe à l'insu de Madame Larapière.

Le vol du tableau

Pour savoir comment s'est déroulé le vol, remets les phrases dans l'ordre.

1. Quand le directeur est arrivé, il l'a trouvée évanouie.
2. Quel mystère !
3. Mais qui est donc le malfaiteur ?
4. Puis elle a caché le tableau dans un coin.
5. Peu de temps après, on a entendu l'appel au secours de Madame Larapière.
6. Elle a ensuite enlevé son déguisement pour le dissimuler au même endroit.
7. Le sorcier, Madame Larapière et le voleur ne font qu'un.
8. Entre temps, on a remarqué la disparition de L'*Araignée qui sourit*.
9. D'après Oscar, rien n'est plus simple.
10. Odilon était certain d'avoir vu quelqu'un entrer dans la classe mais personne en sortir.
11. Elle a crié pour attirer l'attention.
12. Enfin, lorsque tout est calme, elle est revenue chercher son butin.

Trouve l'équivalent

Trouve la signification du mot ou de l'expression de la colonne de gauche.

1. récupérer	a. très étonné
2. bloqué	b. cacher
3. faire des mines	c. verrouillé
4. s'envoler en fumée	d. faire des chichis
5. éberlué	e. clairvoyance
6. dissimuler	f. disparaître
7. perspicacité	g. reprendre
8. dans les parages	h. dans les environs

Après la lecture

La légende de l'araignée

Le nom d'araignée vient d'Arachnée, une jeune paysanne qui, dans la mythologie grecque, avait un talent exceptionnel pour le tissage. Un jour, dans un concours, elle surpassa même la déesse Athéna. Pour la punir, la déesse furieuse l'a transformée en animal et l'a suspendue à sa toile.

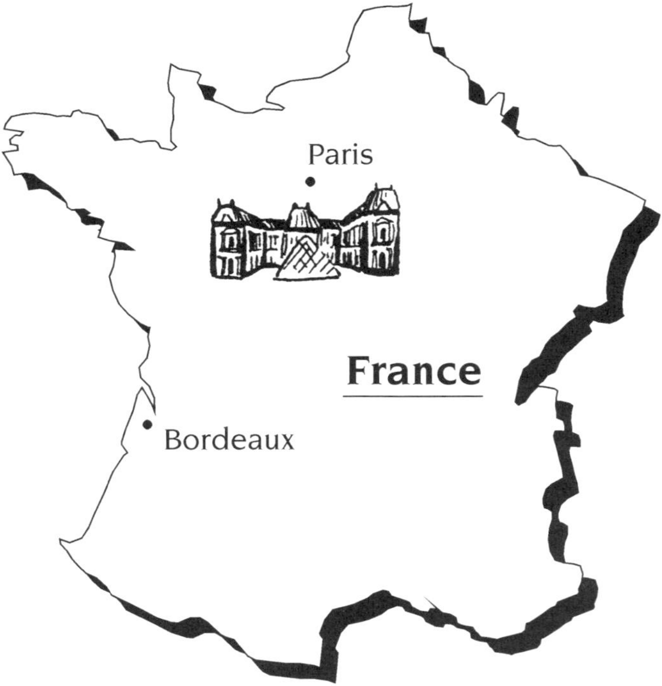

Odilon Redon

Odilon Redon est né le 22 avril 1840, à Bordeaux, en France. Il est mort le 6 juillet 1916, à Paris.

Il laisse une œuvre impressionnante qu'on retrouve aussi bien dans des collections particulières que dans plusieurs musées à travers le monde : au musée des Beaux-Arts de Bordeaux, sa ville natale, dans plusieurs musées parisiens (le Louvre et le musée d'Orsay), ainsi que dans des musées ou galeries d'art aux États-Unis, en Grande-Bretagne, en Hollande, et au Japon.

Sa carrière se compose de deux périodes distinctes, celle du noir jusqu'à l'âge de 50 ans et celle des couleurs éblouissantes pendant les vingt-six dernières années de sa vie. On l'appelle « le Prince des rêves », car certaines de ses peintures semblent sortir d'un rêve, surtout celles datant de sa période du noir. On dit de lui que c'est un précurseur des surréalistes, à cause du symbolisme de ses toiles.

Odilon Redon a utilisé presque toutes les techniques en dessin et en peinture : l'huile, le pastel, l'aquarelle et le fusain, sur toile, sur bois et sur papier. Il a aussi fait de la lithographie.

Odilon Redon dans les musées

On retrouve des œuvres d'Odilon Redon dans plusieurs grands musées du monde. En voici quelques uns.

Associe chacun des musées suivants au pays où il se trouve :

1. British Museum, Londres
2. Metropolitan Museum of Art, New-York
3. Hiroshima Museum of Art, Hiroshima
4. National Gallery, Ottawa
5. Musée d'Orsay, Paris

a. États-Unis

b. France

c. Canada

d. Japon

e. Grande-Bretagne

Tu aimes dessiner et peindre...

Odilon Redon a utilisé des techniques différentes pour réaliser ses œuvres. Connais-tu ces techniques ? Relie chaque illustration à la technique.

1. Le fusain
2. L'aquarelle
3. La gouache
4. L'huile
5. La lithographie

a.

b.

c.

d.

e.

Solutions

Avant la lecture

L'araignée
1. b ; 2. a ; 3. b ; 4. b ; 5. c.

Où est l'intrus ?
1. broderie – 2. lièvre – 3. solution – 4. film – 5. policier – 6. ennemi – 7. Calme.

Au fil de la lecture

L'exposition
1. d ; 2. c ; 3. b ; 4. c ; 5. b ; 6. c.

Le vol du tableau
10 – 5 – 1 – 8 – 2 – 3 – 9 – 7 – 11 – 4 – 6 – 12

Trouve l'équivalent
1. g ; 2. c ; 3. d ; 4. f ; 5. a ; 6. b ; 7. e ; 8. h.

Après la lecture

Odilon Redon dans les musées
1. e ; 2. a ; 3. d ; 4. c ; 5. b.

Tu aimes dessiner et peindre...
1. c ; 2. b ; 3. a ; 4. e ; 5. d.

Dans la même collection

Premier niveau

- **Anatole, le vampire**
  Marie-Andrée Boucher
  et Daniel Mativat
- **L'Araignée souriante**
  Laurent Chabin
- **Chats qui riment**
  et rimes à chats
  Pierre Coran
- **Chèvres et Loups**
  Lisa Carducci
- **Le Cosmonaute oublié**
  Marie-Andrée et
  Daniel Mativat
- **Le Dossier vert**
  Carmen Marois
- **L'Écureuil et le Cochon**
  Micheline Coulibaly
- **Elsie, la chèvre**
  orgueilleuse
  Louise Perrault
- **L'Escale**
  Monique Ponty
- **Le Fantôme du rocker**
  Marie-Andrée et
  Daniel Mativat
- **L'homme qui venait**
  de la mer*
  Robert Soulières
- **Lili et Moi**
  Claudie Stanké
- **Ma voisine, une sorcière**
  Jeannine Bouchard-
  Baronian
- **La Peur de ma vie**
  Paul de Grosbois
- **Le Roi gris**
  Mireille Brémond
- **Les Trois Souhaits**
  Marie-Thérèse Rouïl
- **Ulysse qui voulait**
  voir Paris
  Monique Ponty
- **Une journée à la mer**
  Marie Denis

■ **Jonas, le requin rose**
  Yvon Mauffret

■ **Le Bonnet bleu**
  Christiane Duchesne

■ **Kouka**
  Missa Hébié

■ **Manuel aux yeux d'or**
  Isabelle Cadoré Lavina

■ **Le Mendigot**
  Fatima Gallaire

■ **Le Monde au bout**
  des doigts
  Marie Dufeutrel

■ **Les moutons disent non !**
  Johanne Barrette

■ **Rose la rebelle**
  Denise Nadeau

■ **Sonson et le Volcan**
  Raymond Relouzat

■ **Un prétendant valeureux**
  Georges Ngal

■ **Viva Diabolo!***
  Monique Ponty

■ **Zoé et les Petits Diables**
  Sylvain Trudel

Deuxième niveau

- **Aventure à Ottawa**
  Doumbi Fakoly
- **Espaces dans le temps**
  Janine Idrac
- **Le Homard voyageur**
  Cécile Gagnon
- **L'Inconnue du bateau**
  fantôme
  Colette Rodriguez
- **Mannequin noir dans**
  barque verte
  Évelyne Wilwerth *suivi de*
  Le Carnaval de Venise
  Andrzej Kosakiewicz

- **Meurtre en miroir**
  Irina Drozd
- **La Mouette**
  Irina Drozd
- **Pourquoi les plantes ne se déplacent pas**
  Assamala Amoi
- **Une barbe en or***
  Cécile Gagnon
- **Zigzag le zèbre**
  Paul-Claude Delisle
- ■ **L'Almanach ensorcelé**
  Marc Porret *suivi de*
  L'Espace d'une vengeance
  Véronique Lord
- ■ **CH. M. 250. K**
  Nicole Vidal
- ■ **La Chienne aztèque**
  Louise Malette
- ■ **La Fresque aux trois démons**
  Daniel Sernine
- ■ **Le Galop du Templier***
  Anne-Marie Pol
- ■ **Mamie Blues**
  Grégoire Horveno
- ■ **La Nuit mouvementée de Rachel**
  Marie-Andrée Clermont
- ■ **Le Vieil Homme et le Petit Garnement**
  Caya Makhele

Troisième niveau

- **Crinière au vent**
  Poésies du Canada francophone
  Marcel Olscamp
- **La Forêt de métal**
  Francine Pelletier
- **Lorient-Québec**
  suivi de
  L'Esclave blanche de Nantes
  Leïla Sebbar
- **M'en aller**
  Claude Rose et
  Lucien Touati
- **La Parole nomade**
  Poésies francophones
  Bernard Magnier
- **La Rose des sables**
  Nadia Ghalem
- **Le Sourire de la dame de l'image**
  suivi de
  Le Secret des pivoines
  Madeleine Gagnon *et de*
  Les Deux Maisons
  Esther Rochon
- **Un matin pour Loubène***
  Pius Ngandu Nkashama
- ■ **Les 80 Palmiers d'Abbar Ben Badis**
  Jean Coué
- ■ **Le Baiser des étoiles**
  Jean-François Somain
- ■ **La Chambre noire du bonheur**
  Marguerite Andersen
- ■ **Le Chant de la montagne**
  Fatima Gallaire
- ■ **Enfance, enfance**
  Rabah Belamri *suivi de*
  Le Locataire
  Elsa Mazigi *et de*
  Les Enfants du lac Tana
  Pius Ngandu Nkashama
- ■ **L'Homme du Saint-Bernard**
  Monique Ponty
- ■ **Portraits de famille***
  Tiziana Beccarelli-Saad
- ■ **Poursuite...**
  Marie-Andrée Clermont

- **Niveau facile**
- ■ **Niveau intermédiaire**

* Texte également enregistré sur cassette.